Calcio

L'Almanacco Completo dei Calciatori più Forti di tutti i tempi, dal 1956 ad Oggi!

L'Olimpo del Calcio

Sommario

Introduzione

Scommetto che chiunque da bambino, dando quattro calci ad un pallone o tra semplici partitelle tra amici, abbia sognato almeno una volta di alzare il più prestigioso premio individuale del mondo del calcio…

…Mi riferisco al Pallore D'oro!

In questo libro leggerai la storia del pallone d'oro, tutti i vincitori, ma anche piccoli cenni sulla carriera di ognuno di questi fuoriclasse, che grazie alle loro memorabili giocate, hanno scritto una pagina indelebile dello sport più seguito del mondo.

Prima di leggere il libro sicuramente ti sarai fatto qualche domanda del tipo: "ma come mai giocatori come Maradona e Pelè non hanno mai vinto il Pallone d'oro?"

"Perché Platini vinse tre edizioni di fila?"

Troverai tutte le risposte leggendo questo testo, e tante altre curiosità dei calciatori Top Players al Mondo!

Troverai inoltre, la classifica dei Palloni alternativi, si tratta di una lista "dei grandi esclusi" che nel corso della loro carriera, avrebbero meritato il premio individuale calcistico più ambito.

Che stai aspettando? Immergiti nel mondo del Pallone d'oro e buona lettura!

Capitolo 1:
Storia e Albo d'oro

Storia del Pallone d’oro

Il Pallone d'oro (Ballon d'Or, in francese) è un premio calcistico istituito nel 1956 dalla rivista sportiva francese France Football ed era noto in precedenza anche come “il calciatore europeo dell'anno” (in precedenza infatti questo premio era destinato solo ed esclusivamente ai giocatori Europei).

Questo trofeo viene assegnato annualmente al giocatore più forte dell’anno che si è contraddistinto per le sue capacità di gioco, eletto da una giuria di giornalisti esperti!

Come già accennato nella piccola premessa precedente, il premio venne istituito nel 1956

dalla rivista francese France Football, ideato dal giornalista ed ex calciatore Gabriel Hanot seguito poi dai colleghi Jacques Ferran, Jacques Goddet e Jacques de Ryswick con l'intento di eleggere il miglior giocatore europeo dell'anno precedente, attraverso i voti della stampa specializzata.

Infatti, fino all'edizione 1994, il regolamento imponeva che il calciatore dovesse essere esclusivamente di nazionalità europea, salvo le due eccezioni (per cittadinanza acquisita) ossia Alfredo Di Stéfano e Omar Sívori, vittoriosi rispettivamente dallo spagnolo del Real Madrid (nel 1957-1959) e dall' italoargentino della Juventus nel (1961).

Nonostante tale limitazione geografica, il pallone d'oro diventò molto velocemente uno dei premi individuali più ambiti al mondo.

In questi decenni emersero nell'albo d'oro soprattutto gli olandesi Johan Cruyff, Marco van Basten del Milan, e il francese Michel Platini della Juventus.

Rimase nella storia anche la vittoria del sovietico Lev Jašin della Dinamo Mosca nell'edizione 1963, l'unica conseguita da un portiere.

L’anno 1995 fu quello della svolta poiché vi fu l’apertura extraeuropea alle candidature per il pallone d’oro e infatti, questa novità, portò immediatamente il primo vincitore extraeuropeo ossia il liberiano George Weah del Milan, il quale fu il primo e fin qui unico rappresentante dell'Africa ad aver visto questo premio.

Tuttavia, fino all'edizione 2006, il Pallone d'oro era riservato esclusivamente a calciatori militanti in club associati all'UEFA ma, dall'edizione 2007, vi fu un’ulteriore apertura verso qualunque calciatore affiliato alla FIFA.

In questi anni, tuttavia, ci fu un grande attrito tra il Pallone d'oro di France Football (premio rimasto sempre di stampo giornalistico), e il FIFA World Player of the Year, premio nel frattempo nato nel 1991 proprio per volontà della FIFA) con l'intento di dare un carattere di appartenenza al miglior calciatore dell'anno, attraverso i voti dei commissari tecnici e dei capitani di ciascuna nazionale di calcio.

Nonostante gli sforzi della FIFA, nell'immaginario collettivo, il Pallone d'oro continuò a essere considerato l’unico premio di riferimento in questo ambito.

Nel 2016 vi fu la rottura definitiva tra la FIFA

e France Football, rispolverando l'originaria formula del Pallone d'oro di stampo unicamente giornalistico.

La FIFA reagì creando il premio "The Best FIFA Men's Player", erede del FIFA World Player of the Year.

Tra il 2018 e il 2019 la rivista francese diede vita a ulteriori premi accessori al Pallone d'oro:

- Il Pallone d'oro femminile riservato alla migliore calciatrice del mondo.
- Il Trofeo Kopa dedicato al miglior giocatore Under-21.
- Il Trofeo Jašin riservato al migliore portiere del mondo.

Criteri di assegnazione del pallone d'oro

I criteri per l'assegnazione del premio sono descritti nell'articolo 10 del relativo regolamento e sono legate all' insieme delle prestazioni individuali e di squadra durante l'anno preso in considerazione, che sintetizzate, sono le seguenti:

- Valore assoluto del giocatore
- Fair play
- Titoli vinti dalla propria squadra di appartenenza
- Carriera
- Personalità e carisma

Albo d'oro dei podi

Legenda:

Nazione di appartenenza / Nome giocatore / Club di appartenenza / Voti ottenuti (dal 2010 al 2015 conteggiati in %)

1956

1° Inghilterra- Stanley Matthews Blackpool - 47

2° Spagna- Alfredo Di Stéfano- Real Madrid - 44

3° Francia- Raymond Kopa- Real Madrid - 33

1957

1° Spagna Alfredo Di Stéfano-Real Madrid -72

2° Inghilterra- Billy Wright- Wolverhampton -19

3° Inghilterra- Duncan Edwards- Manchester Utd -16

1958

1° Francia Raymond Kopa- Real Madrid - 71

2° Germania Ovest Helmut Rahn- Rot-Weiss Essen - 40

3° Francia- Just Fontaine-Stade Reims - 23

1959

1° Spagna- Alfredo Di Stéfano- Real Madrid - 80

2° Francia -Raymond Kopa- Francia Stade Reims - 42

3° Galles John Charles -Juventus - 24

1960

1° Spagna- Luis Suárez -Barcellona - 54

2° Ungheria- Ferenc Puskás- Real Madrid - 37

3° Germania Ovest - Uwe Seeler – Amburgo - 33

1961

1° Italia -Omar Sívori-Juventus - 46

2° Spagna- Luis Suárez-Inter - 40

3° Inghilterra- Johnny Haynes - Fulham - 22

1962

1° Cecoslovacchia Josef Masopust Cecoslovacchia Dukla Praga - 65

2° Portogallo- Eusébio- Benfica - 53

3° Germania Ovest -Karl-Heinz Schnellinger- Colonia - 33

1963

1° Unione Sovietica- Lev Jašin-Unione Sovietica Dinamo Mosca -73

2° Italia- Gianni Rivera – Milan - 56

3° Inghilterra- Jimmy Greaves- Tottenham - 51

1964

1° Scozia- Denis Law- Manchester Utd - 61

2° Spagna- Luis Suárez- Inter - 43

3° Spagna -Amancio- Real Madrid - 38

1965

1° Portogallo- Eusébio- Benfica -67

2° Italia- Giacinto Facchetti-Inter-59

3° Spagna- Luis Suárez – Inter-45

1966

1° Inghilterra- Bobby Charlton-Manchester Utd -81

2° Portogallo Eusébio- Benfica-80

3° Germania Ovest -Franz Beckenbauer-Bayern Monaco- 59

1967

1° Ungheria- Flórián Albert- Ferencváros-68

2° Inghilterra- Bobby Charlton-Manchester Utd - 40

3° Scozia- Jimmy Johnstone-Celtic- 39

1968

1° Irlanda del Nord- George Best-Manchester Utd- 61

2° Inghilterra -Bobby Charlton-

Manchester Utd-53

3° Jugoslavia- Dragan Džajić - Stella Rossa -46

1969

1° Italia- Gianni Rivera- Milan-83

2° Italia -Gigi Riva -Cagliari-79

3° Germania Ovest- Gerd Müller- Bayern Monaco-38

1970

1° Germania Ovest- Gerd Müller- Bayern Monaco-77

2° Inghilterra- Bobby Moore- West Ham Utd-70

3° Italia- Gigi Riva - Cagliari-65

1971

1° Paesi Bassi- Johan Cruyff -Ajax -116

2° Italia -Sandro Mazzola-Inter -57

3° Irlanda del Nord- George Best- Manchester Utd -56

1972

1° Germania Ovest Franz Beckenbauer-Bayern Monaco -81

2° Germania Ovest- Gerd Müller- Bayern Monaco-79

2° ex equo Germania Ovest- Günter Netzer- Borussia M'gladbach 79

1973

1° Paesi Bassi- Johan Cruyff[- Barcellona -96

2° Italia- Dino Zoff -Juventus -47

3° Germania Ovest -Gerd Müller- Bayern Monaco -44

1974

1° Paesi Bassi- Johan Cruyff-Barcellona -116

2° Germania -Ovest -Franz Beckenbauer-Bayern Monaco-105

3° Polonia- Kazimierz Deyna- Legia Varsavia-35

1975

1° Unione Sovietica- Oleh Blochin- Dinamo Kiev-122

2° Germania Ovest- Franz Beckenbauer- Bayern Monaco-42

3° Paesi Bassi -Johan Cruyff-Barcellona -27

1976

1° Germania Ovest- Franz Beckenbauer- Bayern Monaco -91

2° Paesi Bassi- Rob Rensenbrink- Anderlecht-75

3° Cecoslovacchia -Ivo Viktor - Dukla Praga -52

1977

1° Danimarca- Allan Simonsen- Borussia M'gladbach-74

2° Inghilterra- Kevin Keegan- Amburgo- 71

3° Francia- Michel Platini- Nancy-70

1978

1° Inghilterra- Kevin Keegan-

Amburgoa 87

2° Austria- Hans Krankl- Barcellona-81

3° Paesi Bassi- Rob Rensenbrink-Anderlecht-50

1979

1° Inghilterra- Kevin Keegan- Amburgo-118

2° Germania Ovest -Karl-Heinz Rummenigge -Bayern Monaco-52

3° Paesi Bassi- Ruud Krol- Ajax-41

1980

1° Germania Ovest Karl-Heinz Rummenigge-Monaco-122

2° Germania Ovest- Bernd Schuster-Barcellona-34

3° Francia- Michel Platini- Saint-Étienne -33

1981

1° Germania Ovest Karl-Heinz Rummenigge Germania Ovest Bayern

Monaco 106

2° Germania Ovest Paul Breitner- Bayern Monaco-64

3° Germania Ovest Bernd Schuster-Barcellona -39

1982

1° Italia Paolo Rossi-Juventus-115

2° Francia Alain Giresse -Bordeaux-64

3° Polonia Zbigniew Boniek- Juventus-39

1983

1° Francia Michel Platini- Juventus-110

2° Scozia- Kenny Dalglish-Liverpool-26

3° Danimarca -Allan Simonsen- Vejle-25

1984

1° Francia Michel Platini- Juventus -110

2° Francia- Jean Tigana- Bordeaux-57

3° Danimarca- Preben Elkjær- Verona-48

1985

1° Francia- Michel Platini-Juventus -127

2° Danimarca- Preben Elkjær- Verona-71

3° Germania Ovest- Bernd Schuster - Barcellona-46

1986

1° Unione Sovietica- Igor Belanov- Dinamo Kiev-84

2° Inghilterra- Gary Lineker -Barcellona-62

3° Spagna Emilio Butragueño- Real Madrid -59

1987

1° Paesi Bassi Ruud Gullit- Milan-106

2° Portogallo Paulo Futre -Atlético Madrid-91

3° Spagna Emilio Butragueño -Real Madrid -61

1988

1° Paesi Bassi- Marco van Basten- Milan-129

2° Paesi Bassi- Ruud Gullit- Milan -88

3° Paesi Bassi- Frank Rijkaard- Milan-45

1989

1° Paesi Bassi- Marco van Basten- Milan-129

2° Italia- Franco Baresi- Milan-80

3° Paesi Bassi -Frank Rijkaard- Milan-43

1990

1° Germania- Lothar Matthäus-Inter-137

2° Italia- Salvatore Schillaci- Juventus-84

3° Germania- Andreas Brehme- Inter-68

1991

1° Francia- Jean-Pierre Papin-Olympique Marsiglia-141

2° Jugoslavia- Dejan Savićević- Stella Rossa-42

Jugoslavia Darko Pančev- Stella Rossa''''

Germania Lothar Matthäus-Inter''''

1992

1° Paesi Bassi- Marco van Basten- Milan-98

2° Bulgaria- Hristo Stoičkov- Barcellona-80

3° Paesi Bassi- Dennis Bergkamp- Ajax-53

1993

1° Italia- Roberto Baggio-Juventus-142

2° Paesi Bassi- Dennis Bergkamp- Inter-83

3° Francia- Éric Cantona -Manchester Utd-34

1994

1° Bulgaria- Hristo Stoičkov- Barcellona-210

2° Italia- Roberto Baggio- Juventus -136

3° Italia- Paolo Maldini- Milan-109

1995

1° Liberia- George Weah- Milan-144

2° Germania- Jürgen Klinsmann - Bayern Monaco-108

3° Finlandia- Jari Litmanen -Ajax -67

1996

1° Germania- Matthias Sammer -Borussia Dortmund-144

2° Brasile- Ronaldo- Barcellona-143

3° Inghilterra- Alan Sheare -Newcastle United -107

1997

1° Brasile- Ronaldo-Inter-222

2° Jugoslavia- Predrag Mijatović- Real Madrid -68

3° Francia- Zinédine Zidane-Juventus-63

1998

1° Francia- Zinédine Zidane- Juventus-244

2° Croazia- Davor Šuker -Real Madrid-68

3° Brasile- Ronaldo- Inter-66

1999

1° Brasile- Rivaldo -Barcellona-219

2° Inghilterra- David Beckham-

Manchester Utd-154

3° Ucraina- Andrij Ševčenko- Milan-64

2000

1° Portogallo- Luís Figo- Real Madrid- 197

2° Francia- Zinédine Zidane- Juventus-181

3° Ucraina- Andrij Ševčenko- Milan-85

2001

1° Inghilterra- Michael Owen- Liverpool -176

2° Spagna -Raúl-Real Madrid -140

3° Germania- Oliver Kahn- Bayern Monaco-114

2002

1° Brasile- Ronaldo- Real Madrid -169

2° Brasile- Roberto Carlos- Real Madrid -145

3° Germania- Oliver Kahn-Bayern Monaco-110

2003

1° Rep. Ceca -Pavel Nedvěd- Juventus-190

2° Francia- Thierry Henry- Arsenal -128

3° Italia- Paolo Maldini-Milan-123

2004

1° Ucraina -Andrij Ševčenko- Milan-175

2° Portogallo- Deco- Barcellona-139

3° Brasile -Ronaldinho- Barcellona-133

2005

1° Brasile- Ronaldinho-Barcellona- 225

2° Inghilterra- Frank Lampard - Chelsea-148

3° Inghilterra -Steven Gerrard - Liverpool-142

2006

1° Italia- Fabio Cannavaro-Real Madrid-173

2° Italia -Gianluigi Buffon- Juventus-124

3° Francia -Thierry Henry-Arsenal- 121

2007

1° Brasile- Kaká- Milan- 444

2° Portogallo- Cristiano Ronaldo- Manchester Utd-277

3° Argentina -Lionel Messi- Barcellona- 255

2008

1° Portogallo- Cristiano Ronaldo- Manchester Utd-446

2° Argentina- Lionel Messi-Barcellona-281

3° Spagna- Fernando Torres- Liverpool- 179

2009

1° Argentina- Lionel Messi- Barcellona- 473

2° Portogallo- Cristiano Ronaldo-Real Madrid -233

3° Spagna- Xavi- Barcellona-170

Pallone d'oro FIFA (2010–2015)

2010

1° Argentina- Lionel Messi- Barcellona- 22.65%

2° Spagna- Andrés Iniesta-Barcellona-17.36%

3° Spagna- Xavi- Barcellona-16.48%

2011

1° Argentina- Lionel Messi-Barcellona-47.88%

2° Portogallo- Cristiano Ronaldo- Real Madrid -21.60%

3° Spagna- Xavi- Barcellona -9.23%

2012

1° Argentina- Lionel Messi- Barcellona-41.60%

2° Portogallo -Cristiano Ronaldo- Real Madrid -23.68%

3° Spagna- Andrés Iniesta- Barcellona-10.91%

2013

1° Portogallo- Cristiano Ronaldo-Real Madrid -27.99%

2° Argentina -Lionel Messi- Barcellona-24.72%

3° Francia- Franck Ribéry- Bayern Monaco-23.36%

2014

1° Portogallo- Cristiano Ronaldo-Real Madrid-37.66%

2° Argentina -Lionel Messi- Barcellona-15.76%

3° Germania- Manuel Neuer- Bayern Monaco- 15.72%

2015

1° Argentina- Lionel Messi- Barcellona-41.33%

2° Portogallo- Cristiano Ronaldo- Real Madrid -27.76%

3° Brasile -Neymar - Barcellona-7.86%

Pallone d'oro (dal 2016)

2016

1° Portogallo- Cristiano Ronaldo - Real Madrid-745

2° Argentina- Lionel Messi- Barcellona-

316

3° Francia- Antoine Griezmann- Atlético Madrid-198

2017

1° Portogallo- Cristiano Ronaldo- Real Madrid-946

2° Argentina- Lionel Messi-Spagna Barcellona-670

3° Brasile- Neymar-Paris Saint-Germain-361

2018

1° Croazia- Luka Modrić- Real Madrid-753

2° Portogallo - Cristiano Ronaldo -Juventus-476

3° Francia- Antoine Griezmann- Atlético Madrid-414

2019

1° Argentina- Lionel Messi- Barcellona-686

2° Paesi Bassi- Virgil van Dijk-Liverpool-679

3° Portogallo- Cristiano Ronaldo- Juventus-476

CAPITOLO 2

(1956-1960)

Edizione 1956

La primissima edizione del pallone d'oro fu vinta dall'inglese Stanley Matthews (Blackpool).

La giuria, composta da 16 giornalisti, provenienti da Austria, Belgio, Cecoslovacchia, Francia, Germania Ovest, Inghilterra, Italia, dalla ex Jugoslavia, Paesi Bassi, Portogallo, Scozia, Spagna, Svezia, Svizzera, Turchia e Ungheria ebbero il compito di indicare i cinque migliori calciatori per l'anno di calendario 1956, mettendoli in ordine di merito. Al primo giocatore sarebbero stati assegnati 5 punti, al secondo 4 e così di seguito fino al quinto che avrebbe ricevuto 1 punto.

Facendo così furono distribuiti 240 punti complessivi.

Il risultato della votazione, premiò l'inglese Stanley Matthews

Ma chi fu Stanley Matthews?

Sir Stanley Matthews fu un calciatore britannico, di ruolo centrocampista, il quale ricevette diversi soprannomi in carriera, tra cui Il "Mago del Dribbling" o "mago" date le sue incredibili qualità tecniche

Egli passò una gran parte di carriera nello Stoke City ma si affermò particolarmente nel Blackpool vincendo il pallone d'oro con questa maglia realizzando in totale 17 gol. Il 18 dicembre 1956 fu eletto pallone d'oro da France Footbal.

Edizione 1957

La seconda edizione del pallone d'oro ebbe lo stesso identico criterio di valutazione della prima. Il vincitore di quell'anno fu Alfredo Di Stèfano.

Insieme a Rial, Francisco Gento e Kopa il Real Madrid vince il campionato e Di Stéfano si conferma il capocannoniere della Liga con 31 reti realizzate. Il Real partecipa alla Coppa dei Campioni 1956-1957 eliminando il Rapid Vienna, Nizza e Manchester Utd e batte 2-0 la Fiorentina in finale con Di Stéfano primo marcatore su calcio di rigore.

Con 72 punti Di Stèfano vinse il suo primo pallone d'oro.

Edizione 1958

La terza edizione del pallone d'oro fu vinta da Raymond Kopa

Nella stagione 1957-1958 vide il Real Madrid confermarsi in entrambe le competizioni, vincendo per la terza volta consecutiva la Coppa dei Campioni. Kopa contribuì al raggiungimento di questi traguardi segnando complessivamente 11 gol in 34 partite. Le sue incredibili prestazioni, sia con la casacca dei Blancos , sia con la nazionale francese, gli agevolarono la vittoria del pallone d'oro del 1958 con 71 voti ottenuti davanti al tedesco Helmut Rahn e all'ex compagno di squadra Just Fontaine.

Edizione 1959

Nell'anno 1959 anziché 16, furono 20 le nazioni votanti e fu vinto nuovamente da Di Stèfano.

Nel campionato 1959, il Real finisce secondo in campionato dietro al Barça

Con 23 reti è il miglior marcatore in Spagna per la quinta e ultima volta, la quarta consecutiva.

Dopo aver superato gli acerrimi rivali nel derby di Madrid dopo tre partite in semifinale, il Real Madrid vince la sua quarta Coppa dei Campioni vincendo contro lo Stade Reims col punteggio di 2-0 con Di Stéfano marcatore del raddoppio e sigilla il successo.

A dicembre, quindi, France Football lo premia con un secondo Pallone d'oro, con 80 voti piazzandosi davanti al compagno di squadra Kopa.

Edizione 1960

L'edizione 1960 del Pallone d'oro, la 5°, fu vinta dallo spagnolo Luis Suárez (Barcellona).

I giurati che votarono furono 19, provenienti da Austria, Belgio, Bulgaria, Cecoslovacchia, Francia, Germania Ovest, Grecia, Inghilterra, Italia, Jugoslavia, Paesi Bassi, Polonia, Portogallo, Spagna, Svezia, Svizzera, Turchia, Ungheria e Unione

Sovietica.

Con il Barcellona, in otto stagioni, vinse due campionati (1959 e 1960), due Coppe del Re (1957 e 1959) e due Coppe delle Fiere (1958 e 1960), disputando, ma perdendo contro i Benfica, la sua prima finale di Coppa dei Campioni nel 1961. Con Barcellona segnò 114 gol in 216 partite, di cui 61 nella Liga che gli permisero la vittoria del Pallone d'oro 1960.

Capitolo 3
(1961-1965)

Edizione 1961

La 6° edizione fu vinta dall'italo-argentino Omar Sívori (Juventus), primo calciatore militante del campionato italiano di Serie A ad aggiudicarsi il trofeo.

I giurati che votarono furono 19, provenienti da Austria, Belgio, Bulgaria, Cecoslovacchia, Francia, Germania Ovest, Grecia, Inghilterra, Italia, Jugoslavia, Paesi Bassi, Polonia, Portogallo, Spagna, Svezia, Svizzera, Turchia, Ungheria e Unione Sovietica.

Omar Sivori, con la maglia della Juventus, visse il suo periodo di maggior successo, vincendo tre scudetti e conquistando,1960, il titolo di capocannoniere. Nel 1961 successivo raggiunse il suo massimo successo personale, vincendo, grazie al suo status di oriundo (da argentino passò a giocare per la nazionale italiana) il Pallone d'oro come miglior calciatore europeo

Edizione 1962

La 7ª edizione fu vinta dal cecoslovacco

Josef Masopust militante ne, Dukla Praga.

Masopust partecipò a due Mondiali (1958 e 1962, dove segna nella finale persa col Brasile) e all'Europeo del 1960 arrivando terzo con la sua Cecoslovacchia. Egli fu inserito nella squadra ideale di Euro1960 e in quella del Mondiale 1962.

Per i risultati ottenuti con la nazionale cecoslovacca, nel 1962 vinse il Pallone d'oro quale miglior giocatore europeo, primo calciatore ceco.

Edizione 1963

L'ottava edizione de pallone, a detta di molti, è una delle più significative poiché fu vinta dal primo e finora unico portiere ossia Lev Jašin.

La carriera sportiva di Jašin fu legata alla squadra della Dinamo Mosca, nella quale giocherà per tutta la carriera, vincendo cinque titoli di campione nazionale sovietico (1954, 1955, 1957, 1959, 1963) e tre Coppe dell'URSS (1953, 1966-1967, 1970).

L'anno della sua consacrazione fu il 1963 perché oltre a vincere il campionato, Jašin subì appena 6 reti in 27 partite.

Edizione 1964

La, 9°edizione del Pallone fu vinta dallo scozzese (il primo e unico tra l'altro) Denis Law militante nel Manchester United

Soprannominato dai suoi tifosi The King (Il Re), svolse quasi totalmente la sua carriera in Inghilterra, tranne nella stagione 1961-1962 quando approdò al Torino segnando 10 gol in 27 presenze.

Egli passò poi al Manchester Utd, formando trio d'attacco fortissimo composto dall'inglese Bobby Charlton e il nordirlandese George Best, che resterà suo grande amico, sino alla prematura scomparsa di quest'ultimo.

Dopo aver vinto la FA Cup nel 1963, si aggiudicò il Pallone d'oro nel 1964.

Edizione 1965

La 10° edizione fu vinta dal portoghese Eusébio militante nel Benfica.

Nel 1964 le "Aquile" conquistarono il double dove Eusébio, protagonista assoluto, ottenne il titolo di miglior marcatore del campionato con bene 28 centri realizzati.

L'anno successivo il fuoriclasse portoghese trascinò i suoi alla vittoria in campionato, vincendo nuovamente il titolo di capocannoniere ma perdendo la finale di Coppa dei Campioni 1-0 contro l'Inter ma questa sconfitta non gli impedì di vincere il Pallone d'oro ottenendo 67 voti.

Capitolo 4
(1966-1970)

Edizione 1966

L'11° edizione, fu vinta dall'inglese Bobby Charlton, leggenda del calcio inglese e del Manchester United.

I giurati che votarono stavolta furono 22, provenienti da Austria, Belgio, Bulgaria, Cecoslovacchia, Danimarca, Francia, Germania Ovest, Grecia, Inghilterra, Irlanda, Italia, Jugoslavia, Lussemburgo, Paesi Bassi, Polonia, Portogallo, Spagna, Svezia, Svizzera, Turchia, Ungheria e Unione Sovietica.

Egli, campione del mondo nel 1966, con l'Inghilterra e, d'Europa nel 1968 con il Manchester Utd,

Nel mondiale del 1966, la nazionale dei "Tre Leoni", giocò in casa e Charlton segnò una rete nella partita contro il Messico e una doppietta nella semifinale contro il Portogallo di Eusebio.

Questi successi gli permisero di aggiudicarsi il pallone d'oro del 1966 per appena un punto in più rispetto al secondo classificato (Eusebio) con 81 punti contro gli 80 della stella portoghese.

Edizione 1967

La 12°edizione fu vinta dall'ungherese Flórián Albert (Ferencváros).

Il numero dei giurati che votò aumento e fu pari 24, provenienti da Austria, Belgio, Bulgaria, Cecoslovacchia, Danimarca, Francia, Germania Est, Germania Ovest, Grecia, Inghilterra, Irlanda, Italia, Jugoslavia, Lussemburgo, Paesi Bassi, Polonia, Portogallo, Romania, Spagna, Svezia, Svizzera, Turchia, Ungheria e Unione Sovietica.

Albert si contraddistinse con la Nazionale ungherese disputando 75 partite realizzando 31 gol; conquistò la medaglia di bronzo alle Olimpiadi del 1960. Nel mondiale del 1966, Albert realizzò una tripletta che permise alla sua Ungheria a battere i campioni del mondo in carica.

Per questo nel 1967 Flórián Albert vince il Pallone d'oro quale miglior calciatore europeo.

Edizione 1968

L'edizione 1968 del Pallone d'oro, la 13°, fu vinta dal calciatore leggendario nordirlandese George Best militante nel Manchester United.

I giurati che votarono furono 25, provenienti da Austria, Belgio, Bulgaria, Cecoslovacchia, Danimarca, Francia, Germania Est, Germania Ovest, Grecia, Inghilterra, Irlanda, Italia, Jugoslavia, Lussemburgo, Norvegia, Paesi Bassi, Polonia, Portogallo, Romania, Spagna, Svezia, Svizzera, Turchia, Ungheria e Unione Sovietica.

La stagione 1967-68, memorabile per squadra e personale, ebbe come ciliegina sulla torta la vittoria della Coppa dei Campioni, la prima per una squadra inglese.

In semifinale lo United incontrò il Real Madrid, sei volte campione della competizione: all'andata Best segnò la rete che valse ai suoi la vittoria per 1-0, con un bellissimo tiro da lontano.

Al suo ritorno in Inghilterra Best ottenne dalla Football Writers'

Association il premio di Calciatore dell'anno, diventando il più giovane della storia a vincere il pallone d'oro

Best, tra gli addetti ai lavori, è considerato tra i giocatori che rappresentano la famosa descrizione "genio e sregolatezza" date le sue abilità e una vita privata caratterizzata da problemi con l'alcool.

Edizione 1969

La 14° edizione fu vinta dal "nostro" Gianni Rivera (Milan).

I giurati che votarono furono 26, provenienti da Austria, Belgio, Bulgaria, Cecoslovacchia, Danimarca, Finlandia, Francia, Germania Est, Germania Ovest, Grecia, Inghilterra, Irlanda, Italia, Jugoslavia, Lussemburgo, Norvegia, Paesi Bassi, Polonia, Portogallo, Romania, Spagna, Svezia, Svizzera, Turchia, Ungheria e Unione Sovietica.

Egli è considerato uno dei migliori giocatori italiani di sempre e uno tra i più grandi numeri 10 della storia del calcio

Nel 1969 fu tra i protagonisti della finale di Coppa dei Campioni, vinta per 4-1 contro l'Ajax; fu l'unico milanista, assieme a Giovanni Trapattoni, ad aver disputato entrambe le finali del 1963 e del 1969 e sempre in quell'anno vinse con il Milan la coppa l'Intercontinentale

Edizione 1970

L'edizione 1970 del Pallone d'oro, la 15, fu vinta dal tedesco Gerd Müller (Bayern Monaco).

I giurati che votarono furono 26, provenienti da Austria, Belgio, Bulgaria, Cecoslovacchia, Danimarca, Finlandia, Francia, Germania Est, Germania Ovest, Grecia, Inghilterra, Irlanda, Italia, Jugoslavia, Lussemburgo, Norvegia, Paesi Bassi, Polonia, Portogallo, Romania, Spagna, Svezia, Svizzera, Turchia, Ungheria e Unione Sovietica.

Egli è considerato il più grande centravanti tedesco della storia e ha segnato ben 404 gol con la maglia del Bayern Monaco e 62 reti con la maglia della nazionale, dove in particolare, fu protagonista della doppietta di quella rocambolesca sconfitta contro l'Italia per 4-3 nel mondiale di Messi 70 dove vinse la classifica dei cannonieri.

Capitolo 5
(1971-1975)

Edizione 1971

La 16° edizione del Pallone d'oro fu vinta dalla leggenda del calcio olandese Johan Cruijff militante, nel 1971, nell'Ajax.

I giurati che votarono furono 26, provenienti da Austria, Belgio, Bulgaria, Cecoslovacchia, Danimarca, Finlandia, Francia, Germania Est, Germania Ovest, Grecia, Inghilterra, Irlanda, Italia, Jugoslavia, Lussemburgo, Norvegia, Paesi Bassi, Polonia, Portogallo, Romania, Spagna, Svezia, Svizzera, Turchia, Ungheria e Unione Sovietica.

Egli, dagli addetti ai lavori, è considerato tra i migliori giocatori della storia del calcio e fu uno degli interpreti principali del «calcio totale» con cui l'Ajax e i Paesi Bassi di Rinus Michels rivoluzionarono la storia della tattica calcistica tra la seconda metà degli anni 1960 e la prima metà degli anni 1970.

Nel 1971 la società olandese ottenne la prima vittoria della sua storia in Coppa dei Campioni, battendo in finale per 2-0 i greci del Panathīnaïkos in cui Cruijff fornì un assist e fu eletto successivamente miglior giocatore della competizione.

Edizione 1972

Il 17° Pallone d'oro fu assegnata al tedesco Franz Beckenbauer (Bayern Monaco).

I giurati che votarono furono 25, provenienti da Austria, Belgio, Bulgaria, Cecoslovacchia, Danimarca, Finlandia, Francia, Germania Est, Germania Ovest, Grecia, Inghilterra, Irlanda, Italia, Jugoslavia, Lussemburgo, Paesi Bassi, Polonia, Portogallo, Romania, Spagna, Svezia, Svizzera, Turchia, Ungheria e Unione Sovietica.

Considerati tra i difensori più forti della storia del calcio, egli si formò nelle giovanili del Bayern Monaco, la squadra della sua città, vincendo tantissimi trofei da assoluto protagonista.

Edizione 1973-1974

Abbiamo deciso di unificare le due edizioni, ossia la 18° e 19°, poichè furono dominate da un assoluto protagonista ossia il fuoriclasse olandese del Barcellona Johan Cruijff

I giurati che votarono furono 24, provenienti da Austria, Belgio, Bulgaria, Cecoslovacchia,

Danimarca, Finlandia, Francia, Germania Est, Germania Ovest, Grecia, Inghilterra, Irlanda, Italia, Jugoslavia, Lussemburgo, Paesi Bassi, Polonia, Portogallo, Romania, Spagna, Svezia, Svizzera, Turchia, Ungheria.

Nell'estate del 1973 Cruijff fu acquistato dal Barcellona che non vinceva la Liga da bene quattordici anni, dai tempi di Helenio Herrera e Luisito Suárez.

Il fuoriclasse diede subito una mano con le sue giocate meravigliose tra cui una rete memorabile in rovesciata di tacco nella vittoria per 2–1 contro l'Atlético Madrid che gli maturò il soprannome di "Olandese volante"

La stagione 1973-1974 si chiuse per i catalani con la vittoria della Liga e c 16 reti per Cruijff.

Il mondiale del 1974 lo vide nuovamente protagonista con la sua Olanda che raggiunse la finale persa contro i padroni di casa della Germania Ovest. Queste furono senz'altro le migliori annate per Cruijff, tanto da ricevere i due Palloni d'oro di fila.

Edizione 1975

La 20° edizione del Pallone d'oro fu vinta dal sovietico Oleg Blochin (Dinamo Kiev).

I giurati che votarono furono 26, provenienti da Austria, Belgio, Bulgaria, Cecoslovacchia, Danimarca, Finlandia, Francia, Germania Est, Germania Ovest, Grecia, Inghilterra, Irlanda, Italia, Jugoslavia, Lussemburgo, Norvegia, Paesi Bassi, Polonia, Portogallo, Romania, Spagna, Svezia, Svizzera, Turchia, Ungheria e Unione Sovietica.

Nel 1972, giovanissimo e alla prima stagione da titolare con la Dinamo Kiev, Blochin vinse la classifica marcatori realizzando 14 marcature. Egli è ricordato anche in ambito europeo dato che mise a segno un gol nella finale di andata della Supercoppa UEFA giocata contro il Bayern Monaco capitanata dal Pallone d'oro Franz Beckenbauer. La Dinamo, alla fine vinse il trofeo e questo fu il preludio del suo unico Pallone d'oro

Capitolo 6
(1976-1981)

Edizione 1976

La 21° edizione fu vinta, per la seconda volta, dal tedesco Franz Beckenbauer (Bayern Monaco).

I giurati che votarono furono 26, provenienti da Austria, Belgio, Bulgaria, Cecoslovacchia, Danimarca, Finlandia, Francia, Germania Est, Germania Ovest, Grecia, Inghilterra, Irlanda, Italia, Jugoslavia, Lussemburgo, Norvegia, Paesi Bassi, Polonia, Portogallo, Romania, Spagna, Svezia, Svizzera, Turchia, Ungheria e Unione Sovietica.

Il grandissimo difensore tedesco, dopo la Coppa dei Campioni e la Coppa Intercontinentale vinte nel 1976, sfiorò pure la vittoria degli Europei persi poi ai calci di rigore contro la Cecoslovacchia

Queste brillanti prestazioni portarono alla vittoria del suo secondo Pallone d'oro con 91 punti.

Edizione 1977

Il 22° Pallone d'oro, fu assegnato dal danese Allan Simonsen (Borussia Mönchengladbach).

I giurati che votarono furono 26, provenienti da Austria, Belgio, Bulgaria, Cecoslovacchia, Danimarca, Finlandia, Francia, Germania Est, Germania Ovest, Grecia, Inghilterra, Irlanda, Italia, Jugoslavia, Lussemburgo, Norvegia, Paesi Bassi, Polonia, Portogallo, Romania, Spagna, Svezia, Svizzera, Turchia, Ungheria e Unione Sovietica.

Il 1977 fu il miglior anno per la carriera di Simonsen, il quale realizzò 12 reti nella Bundesliga e vinse il titolo di campione di Germania per la terza volta. Il Borussia, sempre in quell'anno, arrivò alla finale di Coppa dei Campioni, persa però 3-1 contro il Liverpool nonostante un suo gol.

Questo però non gli impedì di vincere il Pallone d'oro, primo danese a riuscirci.

Edizioni 1978-1979

Le edizioni 1978-1979, ovvero la 23° e 24° edizione furono vinte dall'inglese Kevin Keegan (Amburgo).

I giurati che votarono furono 26, provenienti da Austria, Belgio, Bulgaria, Cecoslovacchia, Danimarca, Finlandia, Francia, Germania Est,

Germania Ovest, Grecia, Inghilterra, Irlanda, Italia, Jugoslavia, Lussemburgo, Paesi Bassi, Polonia, Portogallo, Romania, Scozia, Spagna, Svezia, Svizzera, Turchia, Ungheria e Unione Sovietica.

Keegan al Liverpool, squadra con cui divenne famoso, vinse tre campionati inglesi, una FA Cup, una Coppa dei Campioni e due Coppe Uefa

Dopo si trasferì all'Amburgo dove vinse la Bundesliga nel 1979

Questi successi da permisero al calciatore inglese di aggiudicarsi ben due edizioni di fila del Pallone d'oro.

Edizioni 1980-1981

L'edizione 1980 del Pallone d'oro, la 25°, fu vinta dal tedesco Karl-Heinz Rummenigge (Bayern Monaco).

I giurati che votarono furono 25, provenienti da Austria, Belgio, Bulgaria, Cecoslovacchia, Danimarca, Finlandia, Francia, Germania Est, Germania Ovest, Inghilterra, Irlanda, Italia, Jugoslavia, Lussemburgo, Paesi Bassi, Polonia,

Portogallo, Romania, Scozia, Spagna, Svezia, Svizzera, Turchia, Ungheria e Unione Sovietica.

Il Kalle, soprannominato così, vinse da assoluto protagonista il suo primo scudetto tedesco, bissato subito dopo nel 1981. Rummenigge fu miglior marcatore della Coppa dei Campioni 1980-1981 (realizzando 6 centri).

Con la maglia del Bayern realizzò 162 gol in 310 partite.

Capitolo 7
(1982-1986)

Edizione 1982

L'edizione 1982 del Pallone d'oro, la 27°, fu vinta dall'idolo del mondiale di "Spagna 82" ossia Paolo "Pablito" Rossi (Juventus).

I giurati che votarono furono 26, provenienti da Austria, Belgio, Bulgaria, Cecoslovacchia, Danimarca, Finlandia, Francia, Germania Est, Germania Ovest, Grecia, Inghilterra, Irlanda, Italia, Jugoslavia, Lussemburgo, Paesi Bassi, Polonia, Portogallo, Romania, Scozia, Spagna, Svezia, Svizzera, Turchia, Ungheria e Unione Sovietica.

L'anno più importante per la carriera di Rossi il 1982 e il CT, Bearzot, che fu uno dei pochi che credette nell'innocenza di Pablito, a seguito dello scandalo scommesse, lo convocò nonostante un'opposizione generale degli addetti ai lavori e dei tifosi in generale.

Rossi sembrò essere la grande delusione nella prima fase, che l'Italia superò con tre pareggi. Nella partita vinta 3-2 contro il Brasile, decisiva per la qualificazione alla semifinale, Rossi si sbloccò realizzando una tripletta e andò a segna nella finalissima contro la Germania Ovest consacrandolo come cannoniere del mondiale e Pallone d'oro.

Edizioni 1983-1984-1985

Le edizioni 28-29-30 del Pallone d'oro ebbero come unico protagonista la leggenda della Juventus Michel Platini.

I giurati che votarono furono 26, provenienti da Austria, Belgio, Bulgaria, Cecoslovacchia, Danimarca, Finlandia, Francia, Germania Est, Germania Ovest, Grecia, Inghilterra, Irlanda, Italia, Jugoslavia, Lussemburgo, Paesi Bassi, Polonia, Portogallo, Romania, Scozia, Spagna, Svezia, Svizzera, Turchia, Ungheria e Unione Sovietica.

Dal 1983 fino al 1985, il fuoriclasse francese diventò cannoniere della Serie A.

Michel Platini conquista il suo primo Pallone d'oro nel 1983, battendo con 110 preferenze lo scozzese Kenny Dalglish, del Liverpool campione d'Europa, che raccoglie 26 preferenze.

Ma gli anni d'oro del campione francese furono anche in ambito europeo poiché negli anni1984-1985 vinse Supercoppa UEFA e Coppa dei Campioni nella "maledetta" serata del 29 maggio, all'Heysel di Bruxelles.

Serata ricordata per gli incidenti accaduti nel prepartita che provocarono la morte di trentanove persone sulle tribune dello stadio.

Il francese realizzò il gol (su rigore) decisivo che valsa la Coppa dei Campioni di cui fu di cui fu capocannoniere con 7 centri realizzati

Dopo la conquista della Coppa Intercontinentale ai rigori contro l'Argentinos Juniors vinse quindi il suo terzo Pallone d'oro, quarto consecutivo per un giocatore della Juventus, dopo quello di Paolo Rossi e i primi due dello stesso Platini.

Riferita a lui è celebre la famosa frase del presidente Gianni Agnelli il quale disse «L'ho preso per un pezzo di pane, diciamo che ci abbiamo aggiunto molto caviale, ma se l'è meritato.»

Edizione 1986

La 31° edizione del Pallone d'oro fu vinta dal sovietico Igor Belanov (Dinamo Kiev).

I giurati che votarono furono 26, provenienti da Austria, Belgio, Bulgaria, Cecoslovacchia, Danimarca, Finlandia, Francia, Germania Est, Germania Ovest, Grecia, Inghilterra, Irlanda, Italia, Jugoslavia, Lussemburgo, Paesi Bassi, Polonia, Portogallo, Romania, Scozia, Spagna, Svezia, Svizzera, Turchia, Ungheria e Unione Sovietica.

Belanov ha militato in vari club, in particolare nella Dinamo Kiev, dove fece faville tra il 1985 e il 1989 vincendo diversi titoli in patria e la Coppa delle Coppe nel 1986, competizioni nella quale diviene capocannoniere con 5 reti e ciò porto alla proclamazione come miglior calciatore europeo e Pallone d'oro.

Capitolo 8

(1987-1991)

Edizione 1987

L'edizione 1987 del Pallone d'oro, ovvero la 32°, fu vinta dall'olandese Ruud Gullit (PSV / Milan).

I giurati che votarono furono 27, provenienti da Albania, Austria, Belgio, Bulgaria, Cecoslovacchia, Danimarca, Finlandia, Francia, Germania Est, Germania Ovest, Grecia, Inghilterra, Irlanda, Italia, Jugoslavia, Lussemburgo, Paesi Bassi, Polonia, Portogallo, Romania, Scozia, Spagna, Svezia, Svizzera, Turchia, Ungheria e Unione Sovietica.

Il fuoriclasse olandese, nel 1986, gioca con la squadra di Eindhoven il Trofeo Gamper a Barcellona, in cui partecipa pure il Milan che se ne innamorò acquistandolo nell'estate del 1987 e subito diventò subito una delle tante stelle olandesi della squadra allenata da Arrigo Sacchi

Il 28 dicembre 1987 vince il Pallone d'oro come miglior giocatore d'Europa, per le sue prestazioni col PSV e successivamente col Milan, classificandosi al primo posto con 106 punti.

Edizioni 1988-1989

Le edizioni 1988-1989, ovvero la 33° e 34°, furono vinte dal "cigno di Utrecht" ossia Marco Van Basten. I giurati che votarono furono 27, provenienti da Albania, Austria, Belgio, Bulgaria, Cecoslovacchia, Danimarca, Finlandia, Francia, Germania Est, Germania Ovest, Grecia, Inghilterra, Irlanda, Italia, Jugoslavia, Lussemburgo, Paesi Bassi, Polonia, Portogallo, Romania, Scozia, Spagna, Svezia, Svizzera, Turchia, Ungheria e Unione Sovietica. Marco van Basten arriva nell'estate del 1987 al Milan, formando il trio olandese leggendario con Frank Rijkaard, van Basten e Ruud Gullit che trascinano il Milan sul tetto d'Europa vincendo Coppa dei Campioni e proprio in quest'ultima segnò 10 reti, tra cui in semifinale con colpo di testa in tuffo contro il Real Madrid nell'1-1 dell'andata a Madrid (ritorno schiacciante 5 a 0) e la doppietta in finale vinta contro la Steaua

Bucarest. A novembre un suo gol al Barcellona nella finale di andata contribuisce alla conquista della Supercoppa europea. A dicembre, subito dopo la conquista della Coppa Intercontinentale. Questi successi aprirono le porte al duplice successo del Pallone d'oro.

Edizione 1990

La 35° edizione del Pallone d'oro fu vinta dal tedesco Lothar Matthäus (Inter). I giurati che votarono furono 29, provenienti da Albania, Austria, Belgio, Bulgaria, Cecoslovacchia, Danimarca, Finlandia, Francia, Germania Est, Germania Ovest, Grecia, Inghilterra, Irlanda, Islanda, Italia, Jugoslavia, Lussemburgo, Malta, Paesi Bassi, Polonia, Portogallo, Romania, Scozia, Spagna, Svezia, Svizzera, Turchia, Ungheria e Unione Sovietica. Nel periodo interista vinse lo scudetto dei record in cui la squadra neroazzurra conquistò il tricolore nel 1988-1989 con 58 punti in 34 partite vittoria. Matthäus segnò il decisivo 2-1 nello scontro diretto di Milano con il Napoli. Nello stesso anno vinse con i nerazzurri anche la Supercoppa italiana; fu il trascinatore dei tedeschi campioni al campionato del mondo 1990 in Italia; nel corso del torneo segnò quattro reti.

Edizione 1991

L'edizione 1991 del Pallone d'oro, la 36°, fu vinta dal francese Jean-Pierre Papin (Olympique Marsiglia). I giurati che votarono furono 29, provenienti da Albania, Austria, Belgio, Bulgaria, Cecoslovacchia, Cipro, Danimarca, Finlandia, Francia, Germania, Grecia, Inghilterra, Irlanda, Islanda, Italia, Jugoslavia, Lussemburgo, Malta, Paesi Bassi, Polonia, Portogallo, Romania, Scozia, Spagna, Svezia, Svizzera, Turchia, Ungheria e Unione Sovietica. Nel 1989 passa al Marsiglia con cui avvia un ciclo vincente ricco di ben quattro campionati francesi e la conquista della classifica marcatori. Inoltre, dal 1990 al 1992, è anche capocannoniere della Coppa dei Campioni per tre anni consecutivi. Nel 1991 vinse quindi il Pallone d'Oro

Capitolo 9
(1992-1996)

Edizione 1992

La 37° edizione del Pallone d'oro fu vinta, per la terza volta, dall'olandese Marco van Basten (Milan).

I giurati che votarono furono 29, provenienti da Albania, Austria, Belgio, Bulgaria, Cecoslovacchia, Cipro, CSI, Danimarca, Finlandia, Francia, Germania, Grecia, Inghilterra, Irlanda, Islanda, Italia, Jugoslavia, Lussemburgo, Malta, Paesi Bassi, Polonia, Portogallo, Romania, Scozia, Spagna, Svezia, Svizzera, Turchia e Ungheria.

Dopo aver conquistato due palloni d'oro di fila, nella stagione 1991-1992 a Sacchi subentra Fabio Capello e grazie a quest'ultimo Van Basten disputa una delle annate più brillanti della propria carriera (avendo più libertà di movimento) e infatti l'olandese ottenne nuovamente il titolo di capocannoniere con 25 gol.

Nel dicembre del 1992, gli venne consegnato il Pallone d'oro, il terzo quindi della sua straordinaria carriera stroncata però troppo presto (28 anni) a causa dei vari infortuni che per anni tormentarono il "cigno di Utrecht".

Edizione 1993

L'edizione 1993 del Pallone d'oro fu vinta dall'idolo di tutti i tifosi amanti di questo sport ossia Roberto Baggio (Juventus) il quale era soprannominato Raffaello per la sua eleganza dello stile di gioco e "Divin Codino" per la caratteristica acconciatura ed è ritenuto, dagli addetti ai lavori, uno dei calciatori più forti della storia del calcio.

I giurati che votarono furono 30, provenienti da Albania, Austria, Belgio, Bulgaria, Cecoslovacchia, Cipro, Danimarca, Finlandia, Francia, Germania, Grecia, Inghilterra, Irlanda, Islanda, Italia, Jugoslavia, Lussemburgo, Malta, Norvegia, Paesi Bassi, Polonia, Portogallo, Romania, Russia, Scozia, Spagna, Svezia, Svizzera, Turchia e Ungheria.

Baggio nella stagione 1992/1993 malgrado i dissidi con il tecnico Trapattoni, fu decisivo in Coppa UEFA, in semifinale contro il Paris Saint-Germain, in cui il fantasista realizzò una doppietta nella gara di andata finita 2-1 per i bianconeri, terminando la serata come migliore in campo.

Fu protagonista anche quindici giorni dopo, nella gara di ritorno in cui, è ancora il numero lui dieci a siglare il successo per 0-1 che valse la finale vinta doppiamente contro il Borussia Dortmund con il divin codino a segno nella gara d'andata.

Per Baggio si trattò del suo primo trofeo internazionale che lo portò ad essere votato unanime come miglior giocatore dell'anno e Pallone d'oro 1993.

Edizione 1994

La 39° edizione del premio fu vinta dal bulgaro Hristo Stoičkov (Barcellona).

I giurati che votarono furono sempre di più (esattamente 49), provenienti da Albania, Armenia, Austria, Belgio, Bielorussia, Bosnia ed Erzegovina, Bulgaria, Cipro, Croazia, Danimarca,

Estonia, Finlandia, Francia, Galles, Georgia, Germania, Grecia, Inghilterra, Irlanda, Irlanda del Nord, Islanda, Isole Fær Øer, Israele, Italia, Jugoslavia, Lettonia, Liechtenstein, Lituania, Lussemburgo, Macedonia, Malta, Moldavia, Norvegia, Paesi Bassi, Polonia, Portogallo, Repubblica Ceca, Romania, Russia, San Marino, Scozia, Slovacchia, Slovenia, Spagna, Svezia, Svizzera, Turchia, Ucraina e Ungheria.

Fortemente voluto da Cruijff, Stoičkov venne acquistato dal Barcellona nell'estate del 1990 ma, dopo i primi anni difficili di ambientamento, divenne l'idolo dei tifosi Blaugrana e leader indiscusso della squadra soltanto due anni dopo, sfiorando anche il Pallone d'oro 1992, vinto poi da van Basten

In finale, di Champions League, nonostante le assenze di Franco Baresi e Costacurta in difesa, il Barcellona perse contro il Milan con un netto 4-0.

Disputò un ottimo mondiale con la nazionale arrivando in semifinale persa poi contro l'Italia.

Questo non impedì al calciatore bulgaro

di vincere il Pallone d'oro.

Edizione 1995

L'edizione 1995 del Pallone d'oro, la 40°, fu vinta dal liberiano George Weah (Paris Saint-Germain / Milan).

Questa, da molti, è l'edizione rivoluzionaria del Pallone d'oro poiché è stata la prima edizione in cui i giurati poterono votare anche calciatori non europei ma militanti in squadre associate all'Uefa;

I giurati che votarono furono 49, provenienti da Albania, Armenia, Austria, Belgio, Bielorussia, Bosnia ed Erzegovina, Bulgaria, Cipro, Croazia, Danimarca, Estonia, Finlandia, Francia, Galles, Georgia, Germania, Grecia, Inghilterra, Irlanda, Irlanda del Nord, Islanda, Isole Fær Øer, Israele, Italia, Jugoslavia, Lettonia, Liechtenstein, Lituania, Lussemburgo, Macedonia, Malta, Moldavia, Norvegia, Paesi Bassi, Polonia, Portogallo, Repubblica Ceca, Romania, Russia, San Marino, Scozia, Slovacchia, Slovenia, Spagna, Svezia,

Svizzera, Turchia, Ucraina e Ungheria.

George Weah, dopo essere stato capocannoniere della Champions League con 8 marcature, passò al Milan nel maggio del 1995, ed esordì in Serie A contro il Padova andando a segno dopo appena sei minuti di gioco; a dicembre gli venne conferito il Pallone d'oro nel diventando così, il primo calciatore non europeo a vincere il trofeo.

Al 1996 risale quello che è ritenuto, da molti, il gol più bello della sua carriera.

Durante la prima giornata del campionato di Serie A 1996-1997, a San Siro contro il Verona, Weah stoppò il pallone, proveniente da un calcio d'angolo, nella propria area, partì la palla al piede verso l'area avversaria, e, dopo aver superato tre avversari percorrendo 90 metri di campo, segnò battendo il portiere in uscita.

Dopo l'abbandono dell'attività agonistica, Weah ebbe una carriera politica e dopo il trionfo alle elezioni, diventò Presidente della Liberia il 22 gennaio 2018.

Edizione 1996

L'edizione 1996 del Pallone d'oro, la 41, fu vinta dal difensore tedesco Matthias Sammer (Borussia Dortmund).

I giurati che votarono furono 51, provenienti da Albania, Andorra, Armenia, Austria, Azerbaigian, Belgio, Bielorussia, Bosnia ed Erzegovina, Bulgaria, Cipro, Croazia, Danimarca, Estonia, Finlandia, Francia, Galles, Georgia, Germania, Grecia, Inghilterra, Irlanda, Irlanda del Nord, Islanda, Isole Fær Øer, Israele, Italia, Jugoslavia, Lettonia, Liechtenstein, Lituania, Lussemburgo, Macedonia, Malta, Moldavia, Norvegia, Paesi Bassi, Polonia, Portogallo, Repubblica Ceca, Romania, Russia, San Marino, Scozia, Slovacchia, Slovenia, Spagna, Svezia, Svizzera, Turchia, Ucraina e Ungheria.

Dopo il ritorno a Dortmund egli vinse due campionati tedeschi nel biennio 1995-1996, mentre in campo internazionale sollevò nel 1997 la Champions League, ai danni della

Juventus, e la Coppa Intercontinentale.

In nazionale, dopo la riunificazione tedesca, partecipò al campionato d'Europa 1992 e al campionato del mondo 1994.

Vinse il campionato d'Europa 1996 in cui segnò 2 reti.

In totale collezionò 74 presenze con le divise delle due nazionali tedesche.

Questi trionfi portarono all'assegnazione della 41esima edizione del Pallone d'oro.

Capitolo 10
(1997-2001)

Edizione 1997

La 42° edizione fu vinta dal brasiliano Ronaldo (Barcellona / Inter).

I giurati che votarono furono 51, provenienti da Albania, Andorra, Armenia, Austria, Azerbaigian, Belgio, Bielorussia, Bosnia ed Erzegovina, Bulgaria, Cipro, Croazia, Danimarca, Estonia, Finlandia, Francia, Galles, Georgia, Germania, Grecia, Inghilterra, Irlanda, Irlanda del Nord, Islanda, Isole Fær Øer, Israele, Italia, Jugoslavia, Lettonia, Liechtenstein, Lituania, Lussemburgo, Macedonia, Malta, Moldavia, Norvegia, Paesi Bassi, Polonia, Portogallo, Repubblica Ceca, Romania, Russia, San Marino, Scozia, Slovacchia, Slovenia, Spagna, Svezia, Svizzera, Turchia, Ucraina e Ungheria.

Ronaldo, soprannominato "O Fenômeno" (in italiano "Il Fenomeno"), è considerato da molti il più forte attaccante della sua generazione, nonché uno dei migliori calciatori della storia. Considerato completo in tutto, Ronaldo nel 1996 fu acquistato dal Barcellona dove segnò 34 gol in 37 partite di campionato che gli valsero il titolo di "Pichichi" e la Scarpa d'oro, ovvero miglior marcatore dei principali campionati d'Europa; nello stesso anno vinse la Coppa delle Coppe 1996-1997, realizzando 5 gol in 7 presenze.

Nello stesso anno con la folle cifra di 48 mld di lire, fu acquistato dall'Inter rendendolo ai tempi, il calciatore più pagato della storia del calcio. A dicembre vinse il Pallone d'oro.

Edizione 1998

L'edizione 1998 del Pallone d'oro, la 43°, fu vinta dal francese Zinédine Zidane (Juventus).

I giurati che votarono furono 51, provenienti da Albania, Andorra, Armenia, Austria, Azerbaigian, Belgio, Bielorussia, Bosnia ed Erzegovina, Bulgaria, Cipro, Croazia, Danimarca, Estonia, Finlandia, Francia, Galles, Georgia, Germania, Grecia, Inghilterra, Irlanda, Irlanda del Nord, Islanda, Isole Fær Øer, Israele, Italia, Jugoslavia, Lettonia, Liechtenstein, Lituania,

Lussemburgo, Macedonia, Malta, Moldavia, Norvegia, Paesi Bassi, Polonia, Portogallo, Repubblica Ceca, Romania, Russia, San Marino, Scozia, Slovacchia, Slovenia, Spagna, Svezia, Svizzera, Turchia, Ucraina e Ungheria.

Quando uno parla di eleganza, di classe in campo il primo nome che viene in mente è senza dubbio quello di Zinedine Zidane, il quale soprannominato Zizou, è considerato uno dei migliori giocatori della storia del calcio.

Nel 1996 arrivò in Italia, alla Juventus, squadra allenata da Marcello Lippi, per "appena" 7,5 miliardi di lire indossando la maglia numero 21. La prima stagione divenne un successo per i bianconeri vincendo a la Coppa Intercontinentale, la Supercoppa Europea, e il loro 24° scudetto. Zidane fu uno dei protagonisti di questi successi anche grazie ai suoi cinque gol e alle sue 29 presenze in campionato anche in Champions fece un'ottima stagione con i bianconeri però sconfitti in finale dal Borussia Dortmund.

Nel 1998 fu convocato dalla Francia

diventandone campione del mondo con il Mondiale giocato proprio in terra transalpina battendo con un netto 3-0 il Brasile grazie alla sua doppietta di Zidane.

Quell'anno, con un plebiscito, Zidane conquistò il Pallone d'oro

Di Zidane è famoso anche l'episodio con cui lascio il calcio giocato ossia la testata al difensore italiano Marco Materazzi durante la finale della Coppa del Mondo del 2006 costandone l'espulsione ma non il premio mvp come miglior giocatore del mondiale.

Edizione 1999

L'edizione 1999 del Pallone d'oro, 44ª edizione del premio calcistico istituito dalla rivista francese France Football, fu vinta dal brasiliano Rivaldo (Barcellona).

I giurati che votarono furono 51, provenienti da Albania, Andorra, Armenia, Austria, Azerbaigian, Belgio, Bielorussia, Bosnia ed Erzegovina, Bulgaria, Cipro, Croazia, Danimarca,

Estonia, Finlandia, Francia, Galles, Georgia, Germania, Grecia, Inghilterra, Irlanda, Irlanda del Nord, Islanda, Isole Fær Øer, Israele, Italia, Jugoslavia, Lettonia, Liechtenstein, Lituania, Lussemburgo, Macedonia, Malta, Moldavia, Norvegia, Paesi Bassi, Polonia, Portogallo, Repubblica Ceca, Romania, Russia, San Marino, Scozia, Slovacchia, Slovenia, Spagna, Svezia, Svizzera, Turchia, Ucraina e Ungheria.

Dopo aver raggiunto le semifinali alle Olimpiadi di Atlanta, nell'estate 1996 andò al Deportivo La Coruna per poi passare al

Barcellona dove, a prima stagione in maglia blaugrana, vinse la Liga, la Copa del Rey e la Supercoppa UEFA.

Nel 1998 conquistò il secondo posto nel Mondiale francese

Nel 1999, ormai all’apice della carriera conquistò il Pallone d’oro.

Edizione 2000

La 45° edizione del Pallone d'oro, nonché la prima del terzo millennio, fu vinta dal portoghese Luís Figo (Barcellona / Real Madrid).

I giurati che votarono furono 51, provenienti da Albania, Andorra, Armenia, Austria, Azerbaigian, Belgio, Bielorussia, Bosnia ed Erzegovina, Bulgaria, Cipro, Croazia, Danimarca, Estonia, Finlandia, Francia, Galles, Georgia, Germania, Grecia, Inghilterra, Irlanda, Irlanda del Nord, Islanda, Isole Fær Øer, Israele, Italia, Jugoslavia, Lettonia, Liechtenstein, Lituania, Lussemburgo, Macedonia, Malta, Moldavia, Norvegia, Paesi Bassi, Polonia, Portogallo, Repubblica Ceca, Romania, Russia, San Marino, Scozia, Slovacchia, Slovenia, Spagna, Svezia, Svizzera, Turchia, Ucraina e Ungheria.

Senza dubbio tra i migliori calciatori portoghesi di sempre, da molti considerato una delle più grandi ali della storia del calcio.

Cresciuto nello Sporting Lisbona, nel

1995 la grande svolta della carriera, il trasferimento al Barcellona vincendo, una Supercoppa di Spagna, due Coppe del Re, 2 edizioni della Liga, una Coppa delle Coppe e una Supercoppa UEFA da assoluto protagonista.

Il trasferimento "shock" avvenne nell'estate del 2000 quando si passò ai rivali del Real Madrid che per averlo sborsarono la cifra monstre di 140 miliardi di lire, record assoluto nella storia del calcio mondiale. In cinque stagioni vince due campionati spagnoli, due Supercoppe spagnole, una UEFA Champions League, una Supercoppa UEFA e una Coppa Intercontinentale.

Nel dicembre del 2000 vinse il Pallone d'oro.

Edizione 2001

L'edizione 2001 del Pallone d'oro, la 46°, fu vinta dall'inglese Michael Owen (Liverpool).

I giurati che votarono furono 51, provenienti da Albania, Andorra,

Armenia, Austria, Azerbaigian, Belgio, Bielorussia, Bosnia ed Erzegovina, Bulgaria, Cipro, Croazia, Danimarca, Estonia, Finlandia, Francia, Galles, Georgia, Germania, Grecia, Inghilterra, Irlanda, Irlanda del Nord, Islanda, Isole Fær Øer, Israele, Italia, Jugoslavia, Lettonia, Liechtenstein, Lituania, Lussemburgo, Macedonia, Malta, Moldavia, Norvegia, Paesi Bassi, Polonia, Portogallo, Repubblica Ceca, Romania, Russia, San Marino, Scozia, Slovacchia, Slovenia, Spagna, Svezia, Svizzera, Turchia, Ucraina e Ungheria.

Considerato uno dei migliori centravanti inglesi della storia, Owen in carriera ha vinto per due volte consecutive (1997-1998 e 1998-1999) il titolo di capocannoniere della Premier League.

Nel ruolo di attaccante esordì in Premier League nel 1997 con la maglia del Liverpool, segnando subito nella partita d'esordio contro il Wimbledon.

Con i Reds, da assoluto protagonista, ottene una Coppa UEFA (2000-2001), una Supercoppa Europea (2001), 1 coppa d'Inghilterra vinta 2-1 contro i

Gunners grazie ad una sua doppietta.

Questi anni d’oro gli portarono il riconoscimento del Pallone d’oro e fu anche votato come calciatore dell'anno della World Soccer e venne incluso nella ESM Team of the Year.

Dopo il Pallone d’oro, carriera andò sempre in calando.

Capitolo 11
(2002-2006)

Edizione 2002

L'edizione 2002 del Pallone d'oro, la 47°, fu vinta, per la seconda volta, dal brasiliano Ronaldo (Inter / Real Madrid).

I giurati che votarono furono 52, provenienti da Albania, Andorra, Armenia, Austria, Azerbaigian, Belgio, Bielorussia, Bosnia ed Erzegovina, Bulgaria, Cipro, Croazia, Danimarca, Estonia, Finlandia, Francia, Galles, Georgia, Germania, Grecia, Inghilterra, Irlanda, Irlanda del Nord, Islanda, Isole Fær Øer, Israele, Italia, Jugoslavia, Kazakistan, Lettonia, Liechtenstein, Lituania, Lussemburgo, Macedonia, Malta, Moldavia, Norvegia, Paesi Bassi, Polonia, Portogallo, Repubblica Ceca, Romania, Russia, San Marino, Scozia, Slovacchia, Slovenia, Spagna, Svezia, Svizzera, Turchia, Ucraina e Ungheria.

Dopo il "trauma" del famoso 5 Maggio in cui l'Inter perse lo scudetto a Roma perdendo 4-2 alla Lazio permettendo alla squadra torinese di vincere lo scudetto.

Particolari furono le riprese dalle elecamere che inquadrarono Ronaldo in lacrime.

L'estate 2002, con un rapporto sempre più complicato con il tecnico nerazzurro Héctor Cúper, il brasiliano fu ceduto al Real Madrid per 45 milioni di euro.

Tornò in nazionale a pochi mesi dall'inizio del campionato del mondo 2002, che si giocò in Corea del Sud e Giappone dove Ronaldo vinse la classifica marcatori con 8 gol in 7 partite e fu la stella della squadra che diventò campione del mondo battendo in finale la Germania per 2-0 proprio grazie ad una doppietta del "fenomeno"

Edizione 2003

La 48° edizione del Pallone d'oro fu vinta dal ceco Pavel Nedvěd (Juventus).

I giurati che votarono furono 52, provenienti da Albania, Andorra, Armenia, Austria, Azerbaigian, Belgio, Bielorussia, Bosnia ed Erzegovina, Bulgaria, Cipro, Croazia, Danimarca, Estonia, Finlandia, Francia, Galles, Georgia, Germania, Grecia, Inghilterra, Irlanda, Irlanda del Nord, Islanda, Isole Fær Øer, Israele, Italia, Jugoslavia, Kazakistan, Lettonia, Liechtenstein, Lituania, Lussemburgo, Macedonia, Malta, Moldavia, Norvegia, Paesi Bassi, Polonia, Portogallo, Repubblica Ceca, Romania, Russia, San Marino, Scozia, Slovacchia, Slovenia, Spagna, Svezia, Svizzera, Turchia, Ucraina e Ungheria.

Dopo lo storico scudetto conquistato con la maglia della Lazio, venne acquistato dalla Juventus per 75 mld di lire e fu una svolta epocale per la sua carriera.

Nella prima annata realizzò 9 gol in campionato vincendo uno scudetto e una Supercoppa italiana.

In Champions League, dopo una cavalcata trionfale, trascinò la Juventus in semifinale ma, al ritorno contro il Real Madrid. In quest'ultima gara rimediò un'ammonizione negli ultimi minuti e, essendo diffidato, saltò la finalissima per squalifica la finale di Manchester, persa poi contro i connazionali del Milan, che si impose ai calci di rigore (2-3).

La stagione 2002-2003 si concluse con la conquista del Pallone d'oro assegnatogli dalla giuria della rivista francese France Football.

Edizione 2004

L'edizione 2004 del Pallone d'oro, la 49°, fu vinta dall'ucraino Andrij Ševčenko (Milan).

I giurati che votarono furono 52, provenienti da Albania, Andorra, Armenia, Austria, Azerbaigian, Belgio, Bielorussia, Bosnia ed Erzegovina, Bulgaria, Cipro, Croazia, Danimarca, Estonia, Finlandia, Francia, Galles,

Georgia, Germania, Grecia, Inghilterra, Irlanda, Irlanda del Nord, Islanda, Isole Fær Øer, Israele, Italia, Kazakistan, Lettonia, Liechtenstein, Lituania, Lussemburgo, Macedonia, Malta, Moldavia, Norvegia, Paesi Bassi, Polonia, Portogallo, Repubblica Ceca, Romania, Russia, San Marino, Scozia, Serbia e Montenegro, Slovacchia, Slovenia, Spagna, Svezia, Svizzera, Turchia, Ucraina e Ungheria.

Dopo il rigore decisivo realizzato nella Finale di Champions League, la stagione 2003-2004 iniziò con la vittoria della Supercoppa UEFA contro il Porto decisiva proprio dalla rete dell'ucraino.

Ševčenko vinse poi lo scudetto e il titolo di capocannoniere della Serie A con 24 gol in 32 partite.

Nell'agosto 2004 Ševčenko vinse anche la Supercoppa italiana, realizzando una tripletta nella vittoria del Milan per 3-0 a San Siro contro la Lazio consentendo così la vittoria del suo Pallone d'oro.

Edizione 2005

L'edizione, numero 50 del Pallone d'oro fu vinta dal brasiliano Ronaldinho (Barcellona).

I giurati che votarono furono 52, provenienti da Albania, Andorra, Armenia, Austria, Azerbaigian, Belgio, Bielorussia, Bosnia ed Erzegovina, Bulgaria, Cipro, Croazia, Danimarca, Estonia, Finlandia, Francia, Galles, Georgia, Germania, Grecia, Inghilterra, Irlanda, Irlanda del Nord, Islanda, Isole Fær Øer, Israele, Italia, Kazakistan, Lettonia, Liechtenstein, Lituania, Lussemburgo, Macedonia, Malta, Moldavia, Norvegia, Paesi Bassi, Polonia, Portogallo, Repubblica Ceca, Romania, Russia, San Marino, Scozia, Serbia e Montenegro, Slovacchia, Slovenia, Spagna, Svezia, Svizzera, Turchia, Ucraina e Ungheria.

Quando noi vogliamo vedere spettacolo, dribbling o magie, il primo nome che associamo a tutto ciò è quello di Ronaldinho; il padre dello "Joga bonito" è considerato senza dubbio uno dei migliori calciatori della storia.

Iniziò la sua carriera, nel Grêmio, proseguita nel Paris Saint-Germain e poi, dove si consacrò, ovvero al Barcellona.

Nella prima stagione mostrò subito le sue abilità realizzando 19 gol in campionato, contribuendo al secondo posto dei blaugrana.

Negli ottavi di finale della Champions contro il Chelsea, segnò una doppietta di cui uno che senza dubbio è tra i suoi gol più celebri con la famosa danza prima del tiro che però non evitò la sconfitta della squadra.

A fine stagione, si aggiudicò il suo primo titolo spagnolo.

Nel Clásico tra Real Madrid e Barcellona, del19 novembre 2005, il fuoriclasse brasiliano siglò due reti, uno in particolare con una discesa palla al piede, superando tre avversari in dribbling per depositare la sfera in rete; quella rete meravigliosa gli valse l'applauso dell'intero stadio del Santiago Bernabeu all'uscita dal campo. Fu nominato giocatore dell'anno per la seconda volta consecutiva e per la prima volta Pallone d'oro 2005.

Edizione 2006

L'edizione 2006 del Pallone d'oro, la 51°, fu vinta dall'italiano Fabio Cannavaro (Juventus / Real Madrid).

I giurati che votarono furono 52, provenienti da Albania, Andorra, Armenia, Austria, Azerbaigian, Belgio, Bielorussia, Bosnia ed Erzegovina, Bulgaria, Cipro, Croazia, Danimarca, Estonia, Finlandia, Francia, Galles, Georgia, Germania, Grecia, Inghilterra, Irlanda, Irlanda del Nord, Islanda, Isole Fær Øer, Israele, Italia, Kazakistan, Lettonia, Liechtenstein, Lituania, Lussemburgo, Macedonia, Malta, Moldavia, Norvegia, Paesi Bassi, Polonia, Portogallo, Repubblica Ceca, Romania, Russia, San Marino, Scozia, Serbia, Slovacchia, Slovenia, Spagna, Svezia, Svizzera, Turchia, Ucraina e Ungheria.

Cannavaro, eroe di Germania 2006, è considerato uno dei migliori difensori della storia del calcio mondiale, secondo posto come presenze in maglia azzurra (136 gettoni) e vincitori di diversi trofei.

Nella stagione 2005-2006, contribuì alla vittoria del secondo scudetto consecutivo della Juventus, poi revocato ai bianconeri e assegnato ai rivali dell’Inter dopo lo scandalo Calciopoli nel quale fu coinvolta la Juventus.

Nell'estate del 2006, sebbene coinvolto indirettamente nella vicenda di Calciopoli, Cannavaro fu confermato dal C.T. Marcello Lippi nei 23 convocati per il Mondiale 2006 in Germania

Nel corso della manifestazione raggiunse i suoi massimi livelli di prestazione e guidò una difesa capace di subire appena due gol in sette partite del torneo. Nella finale gloriosa disputata all'Olympiastadion di Berlino, a quasi 33 anni, il difensore si laureò campione del mondo grazie alla vittoria dell'Italia sulla Francia ai calci di rigore.

Le sue ottime prestazioni per tutto l'arco del torneo, gli valsero il Pallone d’oro 2006.

Capitolo 12
(2007-2012)

Edizione 2007

L'edizione 2007 del Pallone d'oro, la 52, fu stata vinta dal brasiliano Kaká (Milan).

Questa fu un'edizione particolare poiché fu consentito ai giurati di votare qualsiasi calciatore, senza distinzioni di nazionalità né di campionato.

Aumentarono di conseguenza il numero di giurati che passò a 96.

La storia di Kakà al Milan, idolo assoluto dei tifosi rossoneri e degli amanti del calcio, nacque nell'estate 2003 quando fu acquistato dal Milan per 8,5 milioni di euro dal San Paolo consigliato dal D.S Leonardo.

Scelse il numero 22 e nel suo primo anno in Italia segnò10 reti in campionato, vinse lo scudetto fu però eliminato clamorosamente dal Deportivo La Còruna.

Nelle stagioni successive, furono di esponenziale crescita e nella stagione 2006/2007, in Champions League, fu particolarmente decisivo soprattutto agli ottavi contro il Celtic (cavalcata trionfale ai tempi supplementari) e in semifinale tra andata e ritorno contro il Manchester United.

Il 23 maggio 2007, vincendo la finale di Atene contro il Liverpool, conquistò la sua prima e unica Champions League.

Nella finale di Supercoppa Europea, contro il Siviglia, segnò il definitivo 3-1 per poi dedicarlo alla memoria di Antonio Puerta (calciatore della squadra andalusa appena deceduto).

A dicembre, da assoluto protagonista, vinse il Pallone d'oro.

Edizione 2008

La 53° edizione del Pallone d'oro fu vinta da Cristiano Ronaldo, portoghese del Manchester United.

Come per l'edizione precedente, hanno partecipato i giocatori di tutto il mondo e anche i giurati non sono stati solo europei.

Da qui, noterete cari lettori, che ha inizio

una vera e propria epopea di un dualismo tra Cristiano Ronaldo e Lionel Messi.

Il calciatore portoghese, senza dubbio, è ritenuto uno dei migliori calciatori di tutti i tempi è tra i marcatori più prolifici nella storia del calcio e figura al secondo posto della graduatoria dei migliori marcatori delle nazionali di calcio di tutti i tempi, alle spalle di Ali Daei.

Cristiano, dopo aver impressionato con la maglia dello Sporting Lisbona, nel 2003 si trasferì al Manchester United per 12 milioni di sterline, diventando il primo portoghese dei Red Devils.

Indossò la maglia numero 7, numero pesante dato il passato di campioni che l'hanno indossata come George Best, Bryan Robson, Éric Cantona e, fino alla stagione precedente, David Beckham passato al Real Madrid.

Dopo i primi anni in crescendo, il 19 Marzo 2008 tagliò un traguardo molto importante poiché con la doppietta segnata al del Bolton, superò, a livello di marcature in una singola stagione, George Best, che nella stagione 1967-

1968 realizzò 33 gol tra coppe e campionato. La consacrazione finale del portoghese fu il 21 maggio 2008 durante la finale della Champions League 2007-2008 in cui realizzò il gol del momentaneo 1-0 contro il Chelsea; partita però decisa ai calci di rigori con lo United campione d'Europa malgrado un errore dello stesso Ronaldo. Chiuse la stagione con 42 centri in 49 partite disputate.

Il 21 dicembre 2008 vinse con la propria squadra la Coppa del mondo per club Fifa 2008.

Grazie a questi successi individuali e di squadra, si aggiudicò con ben 446 voti il Pallone d'oro 2008.

Edizioni 2009-2010-2011-2012

L'edizioni 2009-2010-2011-2012, ovvero la 54°-55°-56°-57°, del Pallone d'oro furono assegnate a Lionel Messi.

Nel 2010, 2011,2012 e 2012 i voti sono contati in percentuali, poiché France Football e la Fifa si "unirono" fondando il Pallone d'oro Fifa.

Messi, spesso paragonato al connazionale Diego Armando Maradona, dagli addetti ai lavori è ritenuto uno dei più forti calciatori di tutti i tempi, se non il migliore in assoluto, ed è uno dei marcatori più prolifici della storia del calcio.

Dopo aver ereditato la numero 10 di Ronaldinho, comincio la stagione 2008-2009 del Barcellona, quella della consacrazione a detta di tutti, la prima sotto la direzione tecnica di Josep Guardiola, vincendo il famoso triplete con il fuoriclasse argentino assoluto protagonista.

Per Messi, decisivo appunto in tutte le competizioni, si trattò della prima Coppa del Re, la terza nella Liga e la seconda in Champions League dopo quella del 2006 sotto la guida di Frank Rijkaard.

Nella finale di Champions League, disputata allo Stadio Olimpico di Roma contro il Manchester United, realizzò un bellissimo gol di testa il che valse il 2-0, aggiudicandosi il titolo di capocannoniere con 9 reti. Venne inoltre premiato come miglior giocatore della competizione.

Il 1° dicembre 2009, quindi, fu nominato Pallone d'oro 2009, con 473 punti e fu il primo argentino a vincere questo trofeo.

Nel 2010, vinse la Liga da parte con Barça, diventando capocannoniere della Liga con 34 gol in campionato.

Il 21 agosto 2010 i catalani si aggiudicano, grazie a una sua tripletta, la Supercoppa nazionale.

Malgrado un mondiale deludente e una Champions sfumata vinse ugualmente il Pallone d'oro 2010, primo sotto la nuova denominazione di Pallone d'oro FIFA.

Nel 2011 la squadra blaugrana si aggiudica la quarta Champions League della sua storia, la terza personale per Messi, battendo gli inglesi del Manchester United per 3-1. In questa partita il giocatore argentino realizzò la rete del momentaneo vantaggio per 2-1 con un sinistro violento da fuori area; fu capocannoniere di quell'edizione

Vinse per la terza volta fila, quinta in totale, la Liga spagnola; si aggiudicò la Supercoppa spagnola e la Supercoppa europea.

Nell'anno solare 2011 riuscì a segnare almeno un gol in tutte le competizioni a cui ha preso parte, ovvero nella Liga, in Champions League, nella Coppa del Re, nella Supercoppa spagnola, nella Supercoppa UEFA e nel Mondiale per club, eguagliando il record di Pedro del 2009. Il 9 gennaio 2012, a Zurigo, vinse il terzo Pallone d'oro FIFA 2011, il terzo della propria carriera.

Nella stagione successiva, per il quarto anno di fila, fu il capocannoniere della Champions League e per la seconda volta Pichichi del campionato spagnolo, con il record di 50 reti, che gli valsero la seconda Scarpa d'oro. La stagione si conclude con 73 reti in 60 presenze.

L' addio di Guardiola, nell'estate 2012, non influì sulla carriera di Messi che nel frattempo superò, in un anno solare, il record di marcature realizzate detenuto precedentemente da Gerd Müller, diventando anche il miglior marcatore blaugrana di sempre nella Liga. Chiude il 2012 con un bottino record di 91 reti ufficiali realizzate con le maglie di Barcellona e Argentina. A gennaio 2013 vinse il quarto Pallone d'oro Fifa (edizione 2012).

Capitolo 13

(2013-2017)

Edizioni 2013-2014

La 58° e la 59° edizione del Pallone furono vinte, nuovamente, da Cristiano Ronaldo.

Dopo il trasferimento shock dal Manchester United al Real Madrid per 80 milioni di sterline (circa 94 milioni di euro) e, dato il 7 occupato da Raùl, decise di indossare la numero 9.

Concluse la stagione con 35 presenze e 33 reti. Dato l'addio del capitano delle Merengues, indossò la sua amata maglia numero 7.

Fu il primo giocatore del Real Madrid a superare, con 51 gol, il record di 47 gol stagionali detenuto fino a quel momento da Ferenc Puskás del 1959-1960. Fu capocannoniere della Liga con 40 gol

Dopo, il 29 agosto 2012 vince la Supercoppa di Spagna e viene premiato il 13 gennaio 2014 vincendo il suo secondo Pallone d'oro in carriera.

Nella stagione successiva, ci fu la conquista della famosa "decima" ossia, appunto la decima Champions League della storia del Real Madrid in finale, nella Lisbona di CR7, contro i concittadini dell'Atlético Madrid per 4-1 dopo i tempi i supplementari (Ronaldo realizzò il quarto gol su calcio di rigore).

Apre la sua sesta stagione con la maglia del Real Madrid realizzando una doppietta in Supercoppa UEFA, contro il Siviglia facendo vincere alle merengues la competizione.

Il 12 gennaio 2015, grazie al 37,66% di voti, conquistò il personale terzo Pallone d'oro in carriera, il secondo consecutivo.

Edizione 2015

Il Pallone d'oro FIFA 2015 fu vinto per la quarta volta da Lionel Messi.

Dopo due anni targati CR7, Messi tornò alla grande diventando prima, con 253 reti, il marcatore più prolifico della storia della Liga. Tre giorni dopo, nella vittoriosa trasferta di Champions League contro l'Apoel, Messi diventò il calciatore più prolifico della storia Champions League

Un ennesimo record è datato il Il 15 febbraio, nella vittoria casalinga sul Levante, quando, con il 106 esimo assist nella Liga, divenne il miglior assist-man nella storia del campionato iberico. Dopo aver vinto il campionato e la Coppa del Re, Il 6 giugno si vinse la sua quarta Champions League, ai danni della Juventus, per 3-1 e si fu miglior marcatore della competizione con 10 reti (a pari merito con il compagno di squadra Neymar e del rivale di sempre Cristiano Ronaldo).

L'11 agosto 2015 vinse la Supercoppa UEFA per la terza volta in carriera e il

20 dicembre 2015, nella finale del Mondiale per club contro il River Plate, mise a segno la prima rete dell'incontro terminato 3-0 in favore dei catalani.

L'11 gennaio seguente, col 41,33% dei voti, vince il Pallone d'oro FIFA 2015, suo quinto in carriera.

Edizioni 2016-2017

Le edizioni del Pallone d'oro 2016 e 2017 vennero assegnate a Cristiano Ronaldo.

A distanza di sei anni in cui era stato sostituito dal Pallone d'oro FIFA, il premio tornò ad essere assegnato dal solo France Football, dato il mancato accordo tra la celebre rivista e la Fifa per continuare la collaborazione.

Dopo due anni di dominio Messi, il "pingpong" del Pallone d'oro torna al fuoriclasse portoghese.

Dopo aver conquistato l'ennesimo record personale durante la stagione 2015-2016 diventando il miglior marcatore nella storia del Real Madrid, prima in campionato, con 229 reti dello spagnolo grazie a una cinquina contro l'Espanyol,[97] e poi in assoluto, dopo appena un mese arrivando a quota 324 centri in gare ufficiali con la maglia del club madrileno.

Il 28 maggio 2016 realizzò l'ultimo rigore che consentì al Real Madrid di vincere l'undicesima Champions League contro i cugini dell'Atlético (1-1 ai supplementari)

Di quell'edizione, inoltre, con 16 gol in 12 gare, il fuoriclasse ottenne il suo quinto titolo di capocannoniere della competizione continentale, eguagliando Messi.

Terminò la stagione con un altro record: ovvero l'unico calciatore nella storia a esser andato a rete per più di 50 volte in competizioni ufficiali in sei stagioni consecutive.

Per incorniciare un'annata e una carriera strepitosa, vinse nel 2016 l'Europeo svoltosi in Francia.

Dopo un inizio poco brillante,

contrassegnato da un rigore sbagliato, segnò una doppietta decisiva nella partita contro l'Ungheria (3-3), valida per la terza giornata della fase a gironi, permettendo ai lusitani di qualificarsi agli ottavi di finale come una delle migliori terze classificate.

Contribuì al raggiungimento della finale, segnando uno dei rigori dei quarti di finale contro la Polonia ai quarti (dopo che la partita si era conclusa 1-1) e aprì le marcature nella semifinale contro il Galles (2-0).

Durante la finale contro i padroni di casa della Francia, in seguito a una dura entrata di Payet, lasciò il campo al 25° minuto in lacrime. Nonostante la sua assenza, il Portogallo riuscì a vincere per 1-0, grazie al gol decisivo di Éder, ai tempi supplementari, laureandosi campione d'Europa per la prima volta nella sua storia

Quindi, dopo i vari successi individuali e di squadra, il 12 dicembre 2016 fu premiato da France Football con il quarto Palloni d'oro.

Nel corso della stagione successiva vinse

il Mondiale per club (segnando una tripletta in finale), la Liga (realizzando 24 gol) e la Champions League in finale contro la Juventus (autore di una doppietta).

Questi ulteriori trionfi lo portarono a vincere l'edizione 2017 del Pallone d'oro, il quinto personale.

Capitolo 14

(2018-2019)

Edizione 2018

Il Pallone d'oro 2018 è stato vinto da Luka Modrić.

Il croato, quindi, ha interrotto il duopolio tra Cristiano Ronaldo e Messi che, negli ultimi dieci anni, si erano distribuiti equamente il numero di trofei vinti.

Modrić è da tutti considerato uno dei migliori giocatori della storia del calcio croato, nonché uno dei migliori centrocampisti della sua generazione.

Gol, assist, visione di gioco, tecnica e carisma, sono gli elementi che contraddistinguono il centrocampista croato.

Nella stagione 2017/2018, cominciò ad indossare, al Real Madrid, la maglia numero 10.

Inaugura la nuova stagione vincendo la Supercoppa Uefa per 2-1 contro il Manchester United.

La stagione del club madrileno, si concluse con la conquista della Champions League, sconfiggendo in finale il Liverpool.

In nazionale, nell'edizione dei Mondiali disputata in Russia, partecipò con la sua

Croazia, in cui segnò all'esordio contro la Nigeria su calcio di rigore (vittoria per 2-0) e fu eletto uomo-partita.

Nella partita successiva contro l'Argentina (vinta per 3-0), il fuoriclasse croata è autore di una splendida rete e fu eletto nuovamente uomo-partita. Negli ottavi di finale, contro la Danimarca, sul risultato di 1-1 Modrić fallì un calcio di rigore durante i tempi supplementari.

Malgrado tutto, realizzò il suo tiro dal dischetto nella serie che la Croazia vinse per 3-2. La Croazia, però, si arrese contro la Francia persa per 4-2 a malgrado il sogno infranto, Modrić venne premiato come migliore giocatore del mondiale

Grazie ai successi personali e di squadra, il centrocampista croato vinse l'edizione 2018 del Pallone d'oro.

Edizione 2019

Il Pallone d'oro 2019 è stato vinto da Lionel Messi. Per l'argentino si è trattato del sesto successo, superando così il rivale di sempre Cristiano Ronaldo e stabilendo un record assoluto nella storia del premio.

La stagione 2018/2019 parte con il record ottenuto esattamente il 29 novembre 2018 quando è diventato miglior marcatore in Champions League con un unico club segnando 106 reti.

Il 13 gennaio ha realizza 400esimo gol nella Liga. L'1 maggio, durante la semifinale di andata di Champions League contro il Liverpool, ha raggiunto i 600 gol con la maglia del Barcellona, segnando una doppietta di cui uno su calcio di fenomeno; ma non ciò non bastò poiché gli inglese, al ritorno, hanno ribaltato il punteggio con un clamoroso 4-0.

A fine stagione, vince nuovamente la Liga, e, con 36 gol realizzati, diviene capocannoniere del torneo e scarpa d'oro.

Il 2 Dicembre, quindi, è stato premiato Pallone d'oro, il setto appunto, della sua strepitosa carriera.

Capitolo 15

(Vincitori alternativi e leggende del calcio che non hanno mai vinto)

Come abbiamo spiegato precedentemente, fino al 1994 incluso, il Pallone d'oro era un premio riservato esclusivamente a giocatori europei.

In questa lista troverete la lista ufficiale Fifa dei vincitori "alternativi" extraeuropei che avrebbero meritato il Pallone d'oro e non mancano di certo nomi illustri:

- 1958: Raymond Kopa (vincitore) – Pelé (vincitore alternativo)
- 1959: Alfredo Di Stefano (vincitore) – Pelé (vincitore alternativo)
- 1960: Luis Suarez (vincitore) – Pelé (vincitore alternativo)
- 1961: Omar Sivori (vincitore) – Pelé (vincitore alternativo)
- 1962: Josef Masopust (vincitore) – Garrincha (vincitore alternativo)
- 1963: Lev Jasin (vincitore) – Pelé (vincitore alternativo)
- 1964: Denis Law (vincitore) – Pelé (vincitore alternativo)
- 1970: Gerd Muller (vincitore) – Pelé (vincitore alternativo)
- 1978: Kevin Keegan (vincitore) – Mario Kempes (vincitore alternativo)
- 1986: Igor Belanov (vincitore) – Diego Armando Maradona (vincitore alternativo)

- 1990: Lothar Matthaus (vincitore) – Diego Armando Maradona (vincitore alternativo)
- 1994: Hristo Stoickov (vincitore) – Romario (vincitore alternativo)

Tra i palloni d'oro alternativi vi sono soprattutto Maradona e Pelè quelli che, da molti, rappresentano l'eterno dubbio: "Era più forte Maradona o Pelè?"

Pelè, conosciuto anche come "O Rei" è riconosciuto dalla Fifa come il calciatore del secolo.

Il fuoriclasse brasiliano è l'unico calciatore della storia ad aver vinto 3 mondiali con il suo Brasile esattamente nelle edizioni del 1958, 1962 e 1970.

Pelè, nella sua straordinaria carriera, ha realizzato oltre 1200 gol

Maradona, invece soprannominato "il Pibe de oro", è considerato dalla gente comune uno dei più grandi calciatori di tutti i tempi, se non il migliore in assoluto.

Nella sua straordinaria carriera ha militato nell'Argentinos Juniors, nel Boca Juniors, nel Barcellona, nel Napoli, nel Siviglia e nel

Newell's Old Boys.

Di Maradona, vengono e verranno ricordate per sempre le sue giocate magiche, con la nazionale argentina ha partecipato a quattro Mondiali (1982, 1986, 1990 e 1994).

Ma la vera esplosione fu nel Mondiale di Messico 1986 che, a detta di molti, lo vinse praticamente da solo; da ricordare nella partita contro l'Inghilterra, ai quarti di finale, un gol che da tutti è considerato il gol del secolo.

In quella partita, ci fu un altro episodio storico ovvero il gol di mano del numero 10 albiceleste (noto come mano de Dios).

Nel 1990 vinse il secondo scudetto della storia del Napoli.

Nella classifica dei vincitori alternativi vi sono pure Garrincha, Kempes e Romàrio.

Il primo, ovvero **Garrincha**, nel 1962 fu il vincitore del Pallone d'oro alternativo poiché con la maglia del Botafogo vinse il campionato grazie ad una sua rete nella sfida scudetto contro il Fluminense per 1-0.

Kempes invece nel 1978, fu eroe dei Mondiali disputati nella sua Argentina anche se inizialmente il suo rendimento fu poco soddisfacente. A partire dalla seconda fase a gruppi Kempes si sblocca, realizzando una doppietta contro la Polonia, una contro il Perù e una nella finale vinta contro l'Olanda. Con sei reti realizzate fu il capocannoniere della manifestazione vincendo inoltre il premio come miglior giocatore del Mondiale.

Romàrio con la nazionale brasiliana vanta ben 56 gol in 70 partite.

Nel 1993 sbarca al Barcellona, dove entra a far parte del cosiddetto dream team allenato da Johan Cruijff

Nell'annata dell'esordio vince la Liga e il titolo di capocannoniere con 30 gol in 33 partite, tra cui la tripletta realizzata contro il Real Madrid.

In Champions arrivò in finale ma dovette cedere la coppa al Milan, con il risultato di 4-0 per i rossonero.

Nell'estate del 1994 Romario contribuisce con 5 reti alla vittoria della nazionale brasiliana al campionato del mondo 1994 (ai calci di rigore contro l'Italia).

Ecco invece, a molta di molti addetti ai lavori, una lista di giocatori che avrebbero meritato almeno un Pallone d'oro:

Thierry Henry: il fuoriclasse francese avrebbe meritato, nei sui anni migliori all'Arsenal, il premio.

Clarence Seedorf per aver vinto 3 Champions League con 3 squadre diverse sempre da assoluto protagonista

Andrea Pirlo per i suoi successi con Milan, Juventus e la Coppa del Mondo con l'Italia nel Mondiale di Germania 2006

Samuel Eto'o per i suoi trionfi con la maglia del Barcellona e con lo storico triplete interista nel 2010

Raùl per i suoi anni al Real Madrid da capitano e leggenda dei blancos e della nazionale spagnola.

Steve Gerrard per la carriera straordinaria con il Liverpool e la famosa Champions League vinta in rimonta contro il Milan ad Instanbul nel 2005.

Frank Lampard: la leggenda del Chelsea, con oltre 200 gol con la maglia dei blues e campione d'europa nel 2012, avrebbe meritato questo riconoscimento.

Gianluigi Buffon per la carriera straordinaria con la maglia della Juventus contornata dalla

Coppa del Mondo nel 2006.

Andres Iniesta il vero scandalo, almeno così si dice, nel 2010 quando realizzò il gol che valse il primo e finora unico mondiale per la Spagna

Paolo Maldini, la leggenda del Milan, per i suoi successi in rossonero.

Xavi per i suoi successi ottenuti Barcellona e per i numerosi trofei alzati con la sua Spagna

Alessandro Del Piero, simbolo della Juventus; praticamente ha vinto tutto sempre da protagonista compreso il mondiale dalla nazionale italiana in Germania.

Ryan Giggs: il mago gallese, così era soprannominato, avrebbe meritato il pallone d'oro soprattutto nel 1999 quando vinse, in una delle finali più pazze della storia della Champions League, la coppa dalle grandi orecchie con la maglia del Manchester United.

Javier Zanetti: il capitano e numero 4 dell'Inter, forse, nell'anno del leggendario triplete, avrebbe meritato questo riconoscimento.

Francesco Totti: la leggenda della Roma, con 250 gol in maglia giallorossa, forse avrebbe meritato questo riconoscimento sia per il numero di gol fatti, sia per i successi ottenuti con la Roma e con la nazionale

Franco Baresi: per i suoi infiniti successi con il Milan e per aver guidato la difesa azzurra egregiamente durante il mondiale di USA94 nonostante un'operazione al ginocchio.

Ferenc Puskas a cui incredibilmente France Football preferì Luis Suarez, nonostante il pokerissimo segnato in Coppa dei Campioni nel 1960 contro l'Eintracht Francoforte.

Conclusione

Siamo giunti alla fine del nostro cammino.

Abbiamo raccontato la storia di questo del trofeo di calcio individuale più ambito al mondo (con i rispettivi retroscena e curiosità), vincitori e grandi esclusi.

Il Pallone d'oro è senza dubbio il premio più ambito da ogni singolo calciatore, in parole povere è il raggiungimento dell'olimpo calcistico.

Spero che l'opera abbia soddisfatto la tua curiosità e che ti sia piaciuta.

Alla prossima

Printed by Amazon Italia Logistica S.r.l.
Torrazza Piemonte (TO), Italy

16959542R00078